POEMAS SENCILLOS
SIMPLE POEMS

POEMAS SENCILLOS
SIMPLE POEMS

CARLOS F. TARRAC

Copyright © 2009 por Carlos F. Tarrac
Todos los derechos reservados. Ninguna parte de este libro puede ser reproducida, almacenada o transmitida por cualquier medio, ya sea auditiva, gráfica, mecánica, electrónica o escrita, sin permiso del editor y autor, salvo en el caso de los extractos utilizados en breves artículos críticos y revisiones. La reproducción no autorizada de cualquier parte de este trabajo es ilegal y punible por la ley. Fotografías, C. Tarrac. Portada: Interior de la Casa Helguera, Lagos de Moreno, México.

Copyright © 2009 by Carlos F. Tarrac
All rights reserved. No part of this book may be reproduced, stored, or transmitted by any means—whether auditory, graphic, mechanical, or electronic—without written permission of both publisher and author, except in the case of brief excerpts used in critical articles and reviews. Unauthorized reproduction of any part of this work is illegal and is punishable by law.
Photographs, C. Tarrac. Front cover: "Casa Helguera", Lagos de Moreno, Mexico.

ISBN 978-0-578-03645-8

Unique Artistic Creations Showcase

Printed in the United States of America

Prólogo/Foreword: Dr. Margarita V. Ponce.

Acknowledgements

To Ary for her inspiration.

My children Amber and Brandon, my friends Margarita Ponce and Melissa Whipple for their help with the editing of this work.

To the poet Luis Torres, song writers and composers Julio de la Huerta, Juan M. Morones, and all of those who inspired me.

Agradecimientos

Para Ary por su inspiración.

A mis hijos Amber y Brandon, mis amigas Margarita Ponce y Melissa Whipple por su ayuda con la edición de este trabajo.

Para el poeta Luis Torres, autores y compositores Julio de la Huerta, Juan M. Morones, y para todos aquellos que de alguna manera me inspiraron.

Foreword

The author unintentionally "paints" a few years of his life; the intention being that readers discover personal connections that stimulate their emotions allowing them to recreate the poem with their imagination.

"Lend me your Eyes" is full of sincere sadness, nostalgia and bitterness. The innate sweetness, emotions and goodness in the heart of the author have not been affected with an intention of revenge. It is a lesson to everyone that we must not forget the good that is inside of our hearts even if we experience bitterness or negative things. In "Lend me your Eyes" there is a feeling of absence and longing for someone, expressed by sentiments of anguish, sadness and resentment because the person leaves without saying goodbye. As Neruda said: "I can write the saddest lines tonight."

"Accompanied in their Flight" is a very special poem due to the intertwining of chance, fate and the power of decision between two people. The essence of this poem is that it briefly presents a glimpse of the secret of happiness, it demonstrates the possibilities if we forget the past and focus on living fully and residing in the present. The present in conjunction with the genuine love for life may unite us and create friendship.

This is a powerful poem, full of hope and love illustrating that the most important human values like friendship and morality can save us. Loving the moment holds a great philosophy and agrees with the perpetual present seen in the work by Octavio Paz.

Prólogo

El autor sin proponérselo está pintando unos años de su vida. Su intención es que el lector descubra conexiones personales que estimulen sus emociones permitiéndole recrear el poema con su imaginación.

"Préstame tus ojos" está lleno de tristeza, nostalgia y amargura sinceras. La dulzura, bondad y emociones innatas en el corazón del autor no han sido afectadas con una intención de venganza. Es una lección para todos de que no debemos olvidar lo bueno que hay dentro de nuestro corazón aunque experimentemos amargura o cosas negativas. En "Préstame tus ojos" hay una sensación de ausencia y nostalgia por alguien, expresada por un sentimiento de angustia, tristeza y rencor porque la persona de los ojos se va sin despedirse. Como decía Neruda: "puedo escribir los versos más tristes esta noche".

"Acompañados en su vuelo "es un poema muy especial por la manera en que se mezcla la función del azar, la fuerza del destino y la decisión básica de dos personas. Para mí algo esencial de este poema es que en forma breve deja vislumbrar el secreto de la felicidad. En los últimos cuatro versos veo con fuerza lo que es posible alcanzar si olvidamos el pasado, sin temor al futuro y si nos concentramos en vivir plenamente y con todo el corazón en el presente. El hoy unido al amor real a la vida puede unirnos a otros seres que nos brinden amistad.

Este es un poema fuerte, lleno de esperanza y amor muestra que los valores humanos más importantes como la amistad y la fuerza moral nos pueden salvar de todo. El amar el instante encierra una gran filosofía y está de acuerdo con el presente perpetuo que vemos en la obra de Octavio Paz.

"Incomplete Paper" is a poem that is truncated with sad memories. The general theme is that often there are things in life that make no sense. The incomplete paper presents us with the reality that we cannot always do what we want, we cannot close our eyes to reality. Amid the tears and the pain there is a little bit of hope because the poet believes in love and all he wants to write is a poem full of love.

"The Puppet" is a very hard lesson because it represents what we do out of fear for society and for the family; many times we are afraid to claim our individual value. We become wax; each person does what he wants with the wax. It is a lesson in the sense that we must be very strong, a lesson for parents, children, men and women. There are some parents, spouses, bosses, and governments who want to control others as though they are puppets on a string. The puppet does not realize that he is being dominated; he is trapped and does not want to face reality, a universal lesson. What the author wants is for people not to lose hope even if they feel like a puppet.

I like "Accompanied in their Flight" because it addresses the secret of happiness. "Incomplete Paper" is interesting because it is a reflection of life. "Lend me your Eyes," shows that within the most intimate corner of a person there is much good. "The Puppet" teaches that there is no reason to close our eyes to reality no matter how tough it is. In each poem there is something that saves the poem and the poet, each different with its own value.

Margarita V. Ponce, Ph.D.

"Papel incompleto" es un poema que quedó trunco con recuerdos tristes. El tema general es que muchas veces en nuestra vida hay cosas que vivimos y pensamos que no tienen sentido. El papel incompleto, aunque nos presenta una vida incompleta, es una cosa real, porque en la vida no siempre podemos hacer todo lo que queremos. No podemos cerrar los ojos a la realidad. En medio de las lágrimas y los dolores hay un poquito de esperanza porque el poeta cree en el amor y lo único que quiere escribir es un poema lleno de amor.

"El monigote" es una lección muy fuerte porque es lo que siempre hacemos por miedo, por la rutina, por la sociedad, por la familia. Muchas veces tenemos miedo de reclamar nuestro valor individual. Nos convertimos en cera; cada quien hace con esa cera lo que quiere. Es una lección de que tenemos que ser muy fuertes. Una lección para padres, hijos, hombres y mujeres. Hay padres, esposos, jefes, y gobiernos que quieren convertir a otros en monigotes. El monigote no sabe que lo están dominando; está atrapado y no quiere enfrentarse a la realidad, una lección universal. Lo que el autor quiere es que nadie pierda la esperanza aunque se sienta un monigote.

Me gusta "Acompañados en su vuelo" porque se ve el secreto de la felicidad. "Papel incompleto" es interesante, porque es un reflejo de la vida. En "Préstame tus ojos", lo valioso es que en el rincón más íntimo de una persona hay mucha bondad. "El monigote" nos enseña que no hay razón para cerrar los ojos a la realidad por muy cruda que sea. En cada poema hay algo que salva al poema y al poeta, cada uno es diferente con su propio valor.

Dra. Margarita V. Ponce.

Introduction

When I was very young I had no interest in reading the genre of poetry, because the works to which I had access were difficult to understand. This situation changed once I had the opportunity to read poetry by Antonio Machado, who captivated me for his simplicity and spontaneity.

At the age of 21, I began writing in prose. My interest for writing poetry developed years later when I decided to write poems that were easy to read and interpret.

The poems included in this book were originally written in Spanish using rhymes and metaphors; however, with the intention to share with the English readers the theme and tone of my poems, I translated them into English with a conceptual rather than literal purpose.

Carlos F. Tarrac

Introducción

De muy joven no tenía interés por la lectura del género de la poesía, ya que las obras a las que tenía acceso eran difíciles de entender, lo que me impedía disfrutar de su lectura. Esta situación cambió una vez que tuve la oportunidad de leer la poesía de Antonio Machado, que me cautivó por su sencillez y espontaneidad.

A los 21 años de edad comencé a escribir en prosa. Mi interés por escribir poesía se desarrolló algunos años después cuando me propuse escribir poemas sencillos que fuesen fáciles de leer e interpretar.

Los poemas incluidos en este libro fueron originalmente escritos en español utilizando algunas rimas y metáforas. Sin embargo, con el afán de compartir el tema y el tono de mis poemas con los lectores de habla inglesa, me he permitido traducirlos al idioma inglés, con un propósito más conceptual que literal.

Carlos F. Tarrac

Contents / Contenido

Lend Me Your Eyes / Préstame tus ojos .... 2 - 3

The Storage Room / La bodega... 4 - 5

Conversation Without Words / Conversación sin palabras..... 6 - 7

Accompanied in Their Flight / Acompañados en su vuelo..... 8 - 9

Two Roads / Dos caminos .... 12 - 13

My Beautiful Ensenada / Mi linda Ensenada.................. 14 - 15

Small Hummingbird / Pequeña chuparrosa .... 18 - 19

Incomplete Paper / Papel incompleto .... 20 - 21

The Night is Awake / Noche despierta .... 22 - 23

Silent Tears / Lágrimas calladas .... 24 - 25

I am Jealous / Tengo celos .... 26 - 27

The Puppet / El monigote.. 28 - 29

Silent Telephone / Teléfono silencioso.......................... 32 - 33

Savage Victim / Víctima salvaje.................................... 34 - 35

A Tropical Night / Una noche tropical .... 36 - 37

Little Sailing Boats / Barquitos de vela .... 38 - 39

Lend Me Your Eyes

When you arrive I ask myself,
if today will be the day,
when you lend me your eyes,
even if it is only once.

Because with your eyes
I can look at the world
in the same way
you do.

I stay and you leave,
you will be with someone
who can see your eyes closely
for more than a moment.

When I look at where you were,
you have already left without having said good bye,
then I close my eyes and sigh,
wishing that next time,
you can lend me your eyes,
even if it is only for that one time.

Préstame tus ojos

Cuando llegas me pregunto,
si hoy será el día,
en que me prestes tus ojos,
tan solo por una vez.

Porque con tus ojos
puedo mirar el mundo
de la misma forma
como tú lo ves.

Yo me quedo y tú te vas,
estarás con quien tenga tus ojos de cerca,
y por más de una vez.

Cuando miro dónde estabas,
ya te has ido sin haberte despedido,
entonces cierro mis ojos y suspiro,
deseando que la próxima vez,
puedas prestarme tus ojos,
así sea tan solo por esa vez.

The Storage Room

That storage room keeps pieces of my life.
There I keep fragments of my memories, sadness, and
    happiness,
as well as evidence of my convictions and
    determination,
as a loyal testimony of a time in my life marked by my
    actions.

What is there makes sense only to me,
some artifacts reflect my inner self,
helping me to discover my other self that I had never
    before met.

Old documents and other things rest there inert,
lying in wait for a new owner or to be discarded
when I am ready to let them go.

It is a dark and lonely storage room,
only with my presence does it light up
when I need a silent witness
of what my yesterday was like.

La bodega

Esa bodega conserva un pedazo de mi existencia.
Ahí guardo fragmentos de mis recuerdos, tristezas y
    alegrías,
así como evidencia de mis convicciones y
    determinaciones,
fiel testimonio de una etapa marcada por mis acciones.

Lo que hay ahí solamente tiene sentido para mí,
algunos artefactos sirvieron para mirarme desde
    adentro en el espejo de mi ser,
y descubrir al otro yo que nunca antes pude conocer.

Viejos documentos y otras cosas descansan inertes,
mientras esperan su turno para cambiar de dueño o ser
    desechadas
cuando esté yo listo para olvidarlas.

Es una bodega obscura y solitaria,
¡Que se ilumina con mi presencia!
cuando necesito un testigo silencioso
de lo que fue mi ayer.

Conversation Without Words

That afternoon, we were standing before a silent
    eucalyptus tree.
When we said good bye to each other, we looked at
    our eyes
and slowly moved towards each other
uniting with a special embrace.

Slowly and tenderly while we were squeezing our bodies,
we told many things without talking
things that we were not sure we would hear again.

We both closed our eyes
while our souls embarked on a journey without time;
in just an instant we shared our hopes.

Little by little our bodies parted,
sensing our return to reality inch-by-inch
a cruel and unfair reality.

When we think we will embrace again, reality is
    forgotten,
as we travel to our place of hope,
where we can speak, without speaking.

Conversación sin palabras

Nos encontrábamos aquella tarde de pie ante un
   silencioso árbol de eucalipto.
Al despedirnos nos miramos a los ojos
y poco a poco nos acercamos el uno al otro
para unirnos en un abrazo muy especial.

Despacio y con ternura fuimos apretando nuestros
   cuerpos,
nos dijimos muchas cosas sin hablar
cosas que no creímos volver de nuevo a escuchar.

Ambos cerramos nuestros ojos
mientras nuestras almas se embarcaban en un viaje sin
   tiempo,
solo bastaron aquellos instantes para compartir
   muchas esperanzas.

Poco a poco nos fuimos separando
sintiendo en cada pulgada el regreso a una realidad
a veces cruel e injusta.

Esa realidad que se olvida al pensar en volvernos a
   abrazar
para poder viajar al lugar de la esperanza
donde podamos otra vez, decir mucho sin hablar.

Accompanied in Their Flight

Several birds were flying in different directions
some were together while others separated,
not all came from the same family, neither had the
    same ambitions.

They met without planning it
and by a spontaneous decision
they flew in parallel for fun.

The birds continue to fly in the direction marked by
    their destinies
without knowing which route they will follow next
    month,
ignoring how long they will continue flying side by
    side.

They like getting together once in a while,
and happily share their food and sadness,
as well as the singing that comes from their chests
    expressing mutual joy.

Facing the past with their backs and loving the present
    without fearing the future,
they are happy to know that their hearts are truly
    connected
by a link that is powerful and latent,
firmly attached by the word "friendship."

Acompañados en su vuelo

Varios pájaros volaban en diferentes direcciones
unos iban juntos y otros separados por diversas
    razones,
no todos eran de la misma familia, ni tenían las
    mismas ambiciones.

Sin planearlo se encontraron,
y por espontánea decisión
volaron en paralelo por mutua diversión.

Continúan en el rumbo marcado por sus destinos
sin saber que ruta seguirán el próximo mes,
ignorando cuanto tiempo permanecerán volando
    unidos.

Les agrada acercarse de vez en vez,
gustosos comparten su comida y su melancolía,
así como el canto que sale de su pecho para su mutua
    alegría.

De espaldas al pasado, sin temor al futuro y con amor
    al presente,
están felices de saber que sus corazones se conectan de
    verdad
con un lazo poderoso y latente
engarzado firmemente con la palabra amistad.

Two Roads

Believing that everything is going to be all right
after passing a few hours
they fool themselves again.

Needing,
their souls intertwine
they wait
to see if they can reconcile.

Nothing changes,
their laughter is no longer heard.

It's sad to think
everything is going to end
and two paths are taken separately.

One only knows,
when the clock will stop,
so in their loneliness
they will face
a reality
hard to accept.

Dos caminos

Creyendo que todo se va a arreglar
con solo unas horas pasar
y sin poderlas gozar
se vuelven a engañar.

A pesar de necesitar
sus almas entrelazar
tienen que esperar
a ver si se pueden reconciliar.

Qué hermoso hubiese sido
si pudiese haber sucedido un cambio total
donde con prisa se oyesen las risas.

Es triste pensar sin dejar de dudar
que todo se va a terminar
y dos caminos van a tomar
ya sin sentir lo que antes se pudo vivir.

Solo queda precisar
cuándo el reloj se va a parar
sin poderse ya evitar
porque en su soledad
tendrán que afrontar
una realidad
difícil de aceptar.

My Beautiful Ensenada

Ensenada of my memories,
grandiose "Cinderella of the Pacific" your dream
    came true
when you nestled on the "Bahia de Todos los Santos"
You heard the roar of your solemn Bufadora
and felt its wet and foamy caress.

Let me paint in my mind your majestic sky
which at dawn is reflected in the serene and blue sea
before the unbelieving eyes of those who admire it.

A serene sea, with a silvery glow cast by the moon
accompanied by the melodious sound of the breeze,
musical breeze blowing through the palm trees!
Let me draw in my soul your green forest and smell
    the pine scent.
What a beautiful contrast to the golden sunset in the
    Bay of Angels!

I really miss you my beautiful Ensenada!

Mi linda Ensenada

Ensenada de mis recuerdos,
grandiosa "Cenicienta del Pacífico" tu sueño se realizó
cuando te acurrucaste en la Bahía de Todos los Santos,
para escuchar el solemne rugido de tu Bufadora
y sentir su caricia húmeda y espumosa.

Déjame pintar en mi mente tu majestuoso cielo
que al amanecer se refleja en el mar tranquilo y azul
ante los ojos incrédulos de quienes lo admiran.

Ese mar sereno, plateado por el brillo que dejó la luna
Y que está acompañado por el melodioso sonido de la
    brisa.
¡Esa brisa musical que sopla en las palmeras!

Permíteme dibujar en mi alma tus bosques verdes con
    olor a pino.
¡Qué bello contraste con el dorado atardecer en la
    hermosa Bahía de los Ángeles!

¡Te extraño mi Linda Ensenada!

Small Hummingbird

Don't think that I have forgotten you
just because you don't stop in front of my window
    when you come to the south,
nor think that because you are not here I don't
    remember your great agility.

If you think flying more and more towards the north
    will keep us apart
until we forget each other, you are wrong dear!
Since your fine presence will always be remembered.

Even if your feathers change colors and your flying
    style is different,
the happiness you once made me feel
will always be a vivid memory in my mind.

I will never be indifferent to the hope that someday,
you fly towards my window to enlighten me again
and let me hear the sound coming from your wings
while you suspend yourself in the air with great
    elegance and style.
So, don't wave your wings in front of another window
if it is not mine.

Pequeña chuparrosa

No creas que te olvido
porque ya no te detienes en mi ventana cuando vienes
 al sur;
tampoco pienses que porque estás ausente no recuerdo
 tu bella agilidad.

Si crees que volar más y más hacia el norte nos alejará
hasta llevarnos a la nube del olvido, ¡Te equivocas
 querida!
Ya que tu fina presencia siempre perdurará.

Aunque tus plumas cambien de color y tu estilo de
 volar sea diferente,
la alegría que un día me hiciste sentir
será siempre un vívido recuerdo en mi mente.

Nunca seré indiferente a la esperanza de que algún día,
vueles hacia mi ventana para iluminarla nuevamente
y me dejes escuchar el rápido vaivén de tus alas,
mientras te suspendes en el aire con gran elegancia,
y dejas de aletear frente a otras ventanas,
 que no sean la mía.

Incomplete Paper

I didn't think to place between my fingers
the pen that inspired the poet
when he wrote with his heart,
because I was afraid that the tears could drown my reasoning.

The paper became wet with my discrete tear drops,
the words I wrote became a smear,
the same way yesterday disappeared when the present erased it;
there were only cut phrases and incomplete words left
they seemed to refer to the topic of love and nothing else.

If I could salvage the poem that the tears left behind,
the poetry wouldn't make sense
But who cares! If it is read through the lens of love...
That impossible love is immortal,
like the immobile rock worn by the wind with eternal slowness.

Today I combine some letters,
to see if I can still write the word love.

Papel incompleto

No pensaba poner entre mis dedos
la pluma que inspiró al poeta
cuando escribió con su corazón,
por temor a que las lágrimas ahogaran mi razón.

El papel se humedeció con el goteo discreto de mis
    lágrimas,
las palabras que escribí se escurrieron,
así como el ayer se desvaneció cuando el presente lo
    borró;
solamente quedaron frases cortadas y palabras
    incompletas
que al parecer se referían al amor y a nada más.

Si pudiese reconstruir lo poco que las lágrimas dejaron
    legible,
la poesía no tendría sentido
¡Pero qué más da! Si se lee con el lente del amor...
Ese amor imposible es imperecedero,
como la roca inmóvil que el viento desgasta con
    lentitud eterna.

Hoy combino algunas letras,
para ver si aún puedo escribir la palabra amor.

The Night is Awake

The night continues awake,
while the wind filters itself through the crack
of your window.

All of a sudden you feel a refreshing breeze
that caresses your skin
softly and with a delirious tenderness.

Asleep, the stars shine
and dance to the rhythm of your breathing
while their light reflects the contour of your body upon
    sleeping.

Noche despierta

La noche transcurre despierta,
mientras el viento se filtra por la rendija
de tu ventana entreabierta.

De pronto sientes una brisa refrescante
que acaricia tu piel
suavemente y con ternura delirante.

Sigues dormida mientras brillan las estrellas
que bailan al vaivén de tu respiración
y cuya luz se refleja en el contorno de tu cuerpo
 dormido.

Silent Tears

Silent tears we have spilled,
without being able to tell anybody
about the secrets we kept in our hearts,
hearts that loved blindly and silently
unable to proclaim it.

It took years before we met,
until fate united us by chance.

Since we shared our silent sorrow,
we have overcome our sadness
turning it into resignation
knowing we still have hope
to make our dreams come true.

Why do they want for us to separate?
They do not have a say!
The more they try, the more we will look for each
    other.
Our friendship will exist
as long as we choose it.

Lágrimas calladas

Lágrimas calladas derramamos,
sin poder decir a nadie
los secretos que guardamos en nuestros corazones
que amaron ciegamente y en silencio
sin poderlo proclamar.

Pasaron años antes de encontrarnos,
hasta que el destino nos unió por casualidad.

Desde que compartimos nuestra muda pena,
hemos podido poco a poco nuestra tristeza sobrellevar
convirtiéndola en resignación
al saber que aún tenemos la esperanza
de poder nuestros sueños realizar.

¿Por qué nos quieren separar?
¡No tienen derecho a opinar!
Entre más lo intenten, más nos vamos a buscar,
ya que nuestra amistad existirá
mientras nosotros la queramos continuar.

I am Jealous

Of the place where you are,
of the light that is reflected in your face,
of the cup that touches your lips,
of the fabric that covers your body,
of the eyes that look at you,
of the mouth that speaks to you,
of those who hear your voice,
of the minutes I spent without you.
And of something else...

My soul is suffering for not being there!
Since I cannot see you
I can only imagine...
When am I going to forget you?

Tengo celos

Del lugar en donde estás,
de la luz que se refleja en tu rostro,
de la copa que tocan tus labios,
de la tela que cubre tu cuerpo,
de los ojos que te miran,
de la boca que te habla,
de quien oye tu voz,
de los minutos que pasé sin ti.
Y de algo más...

¡Sufre mi alma por no estar ahí!
Al no poderte ver
solo me queda imaginar...
¿Cuándo te podré olvidar?

The Puppet

You are trapped!
and without having noticed
you let the implacable dictator do anything he wants
    with you,
because you are afraid to stop his fury.

Small puppet, you could be sovereign.
Without noticing you have fallen into an abyss
like a Pegasus without wings longing to fly over the
    Grand Canyon,
without even being able to pass through your own
    gate.

Continue like this, puppet, allowing others to
    manipulate you
be happy in your place without daring to protest,
when the dictator wants it
he will kick you out with rage without considering
    your sorrow.

Stop letting him get away with dominating you, cloth
    poppet,
before you end up torn like a rag,
on a corner forgotten,
and abandoned from your own world.

El monigote

¡Estás atrapado!
y sin haberte percatado
te dejas mangonear del implacable dictador,
porque tienes miedo de pararle su furor.

Pequeño monigote, que pudiendo ser soberano de ti
    mismo,
sin darte cuenta has caído en un abismo
como un Pegaso sin alas, queriendo sobrevolar el gran
    cañón,
sin poder ni siquiera cruzar tu propio portón.

Sigue así monigote, dejándote manipular.
sé feliz en tu lugar sin atreverte a rezongar,
que cuando lo quiera el dictador
te echará con furor sin importarle tu estupor.

¡Deja ya de permitir que te dominen! monigote de
    trapo,
antes de que acabes desgarrado,
en un rincón olvidado,
y de tu propio mundo relegado.

Silent Telephone

I was anxious to hear the telephone ring
a long time passed but nothing happened,
the marching tick of the clock continued without
 ceasing:
all I could do was wait.

The volume was so high that it could have been heard
 from far away,
that phone remained over my side like a faithful dog
 longing to bark,
so silent as if it were going to turn itself off,
or as if its number was known to no one but me.

All of a sudden, I fell asleep
the cell phone remained laying by my side...
Time continued to pass, but that phone never rang
 again.

Teléfono silencioso

Ansiaba oír el teléfono sonar
un rato transcurrió pero nada ocurrió,
el reloj continuaba su marcha sin parar
la única opción era esperar.

El volumen estaba tan alto que de lejos se hubiese
    podido escuchar,
ése aparato permanecía a mi lado como un perro fiel
    sin ladrar,
tan silencioso, como si se quisiera apagar,
o como si nadie supiese que número marcar para
    hacerlo sonar.

Un insistente sueño me invadió
y el teléfono ahí quedó...
El tiempo pasó pero aquel celular nunca más sonó.

Savage Victim

Your face seems adorable to them,
without knowing that very soon,
you will become abominable.

Those who do not know are fooled by your victim-like
　appearance
without knowing that your presence,
in a short time will run them out of patience.

Stay where you are!
So you will not disappoint again
Any naïve creature.

Because of your quest to earn a love you do not
　deserve,
you rip out the heart of anyone hoping
to find what they have lost.

Víctima salvaje

Tu cara de víctima les parece adorable,
sin saber que ya muy pronto,
te verás abominable.

A los que no te conocen los engaña tu apariencia
sin saber que tu presencia,
en poco tiempo les agotará la paciencia.

¡Quédate allá donde estás!
Para que a ninguna criatura ingenua
vuelvas a decepcionar.

Ya que en tu afán de un cariño inmerecido,
puedes desgarrar el corazón de quien tenga la
    esperanza
de encontrar en ti lo que ha perdido.

A Tropical Night

It is a tropical night,
they hear the waves singing endlessly.

They keep on walking down the beach,
feeling the gentle push
of the soft sea breeze,
on the other side, the touch of their warm skin
moist from sweat and mist
they take each step without hesitation,
to the place where the proud palm tree stands.

They don't stop savoring
this moment, which they can enjoy
under the shade of the lonely palm tree,
on the shore before the great sea
to make their dream a reality.

Una noche tropical

Es una noche tropical,
las olas cantan sin cesar.

Ellos andan por la playa sin parar,
sienten de un lado el soplo
de la tenue brisa del mar,
y del otro, su piel caliente
que no deja de sudar;
se dirigen sin vacilar,
hasta donde se yergue el orgulloso palmar.

No dejan de saborear,
el momento que puedan disfrutar
y a la sombra del solitario palmar,
a la orilla del grandioso mar
la esperanza de que su soñar
se pueda consumar.

Little Sailing Boats

Two sailing boats set sail some time ago
two different harbors saw them leave,
without knowing that in another harbor they were
     going to meet.

They sailed over various waters,
in the middle of fierce storms,
they saw beautiful and awful days.

A sunny day in the summer they saw each other from
     far away,
they exchanged travel journals to know their reality,
the pages revealed who had boarded or abandoned
     them,
in which harbor and at what time.

Ever since, they have continued to sail over calm and
     turbulent waters,
been splashed and soaked by the waves around them,
at times they seemed as though they were sinking,
on other occasions they were flying on the crest of tall
     waves that roared,
like triumphant and arrogant lions.

Sometimes it seemed as though their course is going to
     change,
however, they continue navigating a route that is
     difficult to imagine.
What harbors can they conquer together?

Barquitos de vela

Dos barquitos de vela zarparon hace tiempo
dos puertos distintos los vieron salir,
sin saber que en otro puerto se iban a reunir.

Navegaron por diversas aguas,
entre tormentas feroces,
contemplaron días hermosos y atroces.

Un día soleado de verano se divisaron a lo lejos por
 casualidad,
intercambiaron los diarios de navegación para conocer
 su realidad;
las páginas revelaron quien los había abordado o
 abandonado,
en que puerto y a qué hora había pasado.

Desde entonces, han seguido navegando aguas
 calmadas y turbulentas,
se han salpicado y empapado con el oleaje a su
 alrededor,
a ratos parecía que se hundían,
en ocasiones volaban al tope de las olas grandes que
 rugían,
como leones triunfantes y arrogantes.

A veces parece que su derrotero va a cambiar,
pero no dejan de navegar,
en una ruta en la que es difícil imaginar,
¿Qué puertos pueden juntos conquistar?

www.ingramcontent.com/pod-product-compliance
Lightning Source LLC
Chambersburg PA
CBHW031433040426
42444CB00006B/792